AF460828

Vente du 29 Janvier

COLLECTION

DE TRÈS BELLES

ESTAMPES ANCIENNES

ET

EAUX-FORTES

DES ARTISTES LYONNAIS

Provenant du cabinet de M. X..., amateur lyonnais

EAUX-FORTES REMARQUABLES

De De Boissieu, en épreuves d'état

PORTRAITS ANCIENS

Très belles gravures anciennes

DE TOUTES LES ÉCOLES

Dont la vente aura lieu à l'Hôtel des Ventes, rue de l'Hôpital, 6, au premier

EXPOSITION

Le Dimanche 24 Janvier de 1 à 4 heures
et le Vendredi 24 Janvier, jour de la vente

LYON

Me Michel ROULLET	G. CROZET
COMMISSAIRE-PRISEUR	LIBRAIRE-ANTIQUAIRE
Rue de l'Hôpital, 6	*Rue Confort, 11*

1892

CONDITIONS DE LA VENTE

La vente est faite au comptant.

Les acquéreurs payeront 5 pour cent en sus des enchères applicables aux frais.

M. **CROZET**, antiquaire, chargé de la vente, remplira les commissions qu'on voudra bien lui confier.

Aucune réclamation ne sera admise une fois l'adjudication prononcée.

CATALOGUE

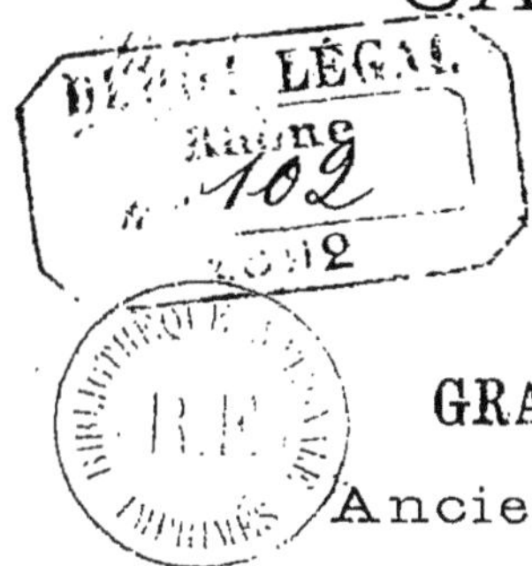

GRAVURES DIVERSES

Anciennes et modernes

1. **Benazech**. Louis XVI et son confesseur avant de monter à l'échafaud. Dernière entrevue de Louis XVI avec sa famille. Louis XVI à la barre de la Convention. La séparation de Louis XVI avec sa famille, gr. par Cardon. Vindramini et Schiavonetti, 4 pièces au pointillé.

2. **Chardin**. Son portrait gr. à l'eau-forte par Courtry, épreuve avant la lettre. Le Bénédicité. La Fontaine. Le Singe peintre. Etude du dessin, gr. par Le Bas, très belles épreuves, 5 pièces.

3. **De Launay**. Le Mariage conclu d'après Baral. Superbe épreuve avec la lettre grise.

4. **Dessins italiens.** Deux paysages à la plume en médaillon.

5. **Diverses**. Le printemps gr. par Hertzel. Costume du président de canton, époque Empire, avant la lettre. Quatre portraits. Paysage à l'eau-forte de Leymarie. Cinq paysages divers, 12 pièces.

6. **Duplessis-Bertaux**. Ellevioų aux Champs-Elysées, superbe épreuve à l'eau-forte, pure à toutes marges. **Le Triomphe** de Voltaire à la Comédie-Française, d'après Moreau le Jeune, gr. par Laguillermie, épreuve avant la lettre à toutes marges.

7. **Fragonard**. La bonne Mère. Le Remède, 2 pièces en bistre au pointillé. *Vignette* par Masquelier et Le Barbier, 3 pièces.

8. **Gravures anglaises**. Fidelity, manière noire. Reynolds, gr. avant la lettre, 2 pièces.

9. **Greuze**. La Cruche cassée, gr. par Revel, épreuve avec la lettre grise. Le Fils puni en tête, avant le texte imprimé, t. m.

10. **Jeaurat** (Et.). Le Savetier et le Financier, gr. en 1732, in-f°, gr. m. **N. Dupuis**. Vénus donne à Enée les armes forgées par Vulcain, 2 pièces.

11. **La Vertu irrésolue**, gr. à la sépia par Civil. La proposition, gr. par Desmarais, 2 pièces.

12. **Le Barbier**. Monument projeté à la gloire de J.-J. Rousseau. Chambre du cœur de Voltaire au château de Ferney, gr. par Née, 2 pièces.

13. **Le Cœur**. Fête du sacre et couronnement de leurs Majestés impériales gr. par Marchand, pièce à costumes et sur les ballons.

14. **Meissonier** (d'après). Son portrait gr. par Regnault, ép. sur Chine. Une chanson. Un Homme de guerre. Le portrait du sergent. Porte-enseigne. Gr. par Léopold Flameng, Mongin, Greux, etc., in-8.

15. **Millevoye.** Son portrait gr. par Gibert, d'après une miniature de même grandeur par Prudhon, superbe épreuve sur pap. de Chine fort, épreuve avant la lettre, marge in-f°.

16. **Monet.** Le sacre de Louis XVI, estampe allégorique, épreuve avant le nom des artistes, à toutes marges.

17. **Moreau le Jeune.** Quatre vignettes tirées avaut le texte imprimé au verso. E. B., 1389, 1393, 1395. Le 1393 est en double, superbes épreuves.

18. **Moreau le Jeune.** Enlèvement de Psyché, gr. par Ruette. Vue du château de Vincennes. Groupe représentant la revue du roi à la plaine des Sablons. Là Rosière de Salency, frontispice. E. B., 207, 260, 891, 869. 4 pièces.

19. **Moreau le Jeune.** Le Gâteau des rois, gr. par Le Mire, légende en anglais et en français, Louis XVI accepte la constitution en présence de l'Assemblée nationale, gr. par Walker, légende en anglais, 2 pièces.

20. **Née.** Frsntispice du voyage pittoresque de la France pour la province du Dauphiné. IIIe et IVe vue de Trianon, IIe vue du Théâtre de la République. 3 pièces.

21. **Palmeyus** (Jacobus). L'écurie, dessin au crayon noir, daté de 1772.

22. **Portraits d'artistes lyonnais.** Ph. de Lassalle, gr. par Soumy, d'après De Boissieu. A. Berjon, gr. par Lehmann, d'après lui-même. P. Revoil, d'après Jacomin. P. Drevet, d'après H. Rigaud. Ensemble 4 pièces tirées sur Chine.

23. **Prud'hon.** Son portrait gr. en sanguine, par Jules Boilly. La Pudeur. La Mélancolie. Entre le Vice et la Vertu. 4 lithog.

24. **Raphaël**. La Fornarina, gr. par L'Hôtellier. Épreuves avant la lettre, t. m.

25. **Rossini,** d'ap. Ary Scheffer, gr. par Thevenin, lettre grise. Portraits : Alexandre I. Constantin Paulowitz. Saken, général russe. Ch. Philippe de France. Ensembls 5 portraits.

26. **Topffer** (A. W.). Halte au cabaret, gr. par W. Tombleson. Entrée d'Henri IV à Paris, d'après Lafitte, épreuve d'eau-forte pure. Reynolds, gr. anglaise. Ensemble, 3 pièces, épreuves avant la lettre à toutes marges.

27. **Trimolet**, son portrait gr. par lui-même, avec envoi autographe signé « A Monsieur Duclaux, témoignage de sincère affection » très belle épreuve sur chine.

28. **Vignettes.** L'Olympe, d'après Jules Romain. Mars et Vénus, d'après Guerchin. Le Cygne et Léda, d'après Corrège. Combat de colombes, d'après Justin. Mars et Vénns, d'après le Poussin. Ensemble 5 pièces de la galerie d'Orléans, avant le texte au verso, dont quatre avant la lettre.

29. **Watteau**. L'Accordée de village, gravée en réduction, par Couché. *Loutherbourg*. Diane et Endymion, épreuves d'eaux-fortes pures avant la lettre.

30. **Wille**. Les Offres réciproques, d'après Dietricy. Très belle épreuve avant l'accent sur l'à (dédié à).

EAUX-FORTES D'ARTISTES LYONNAIS

31. **Allemand** (Hector). Le Pâtre, épreuve du 1er état avec les angles du haut carrés, très rare, offert par l'auteur à M. Duclaux. La même épreuve du 2e état, les angles du haut cintrés. 2 pièces.

32. **Allemand** (H.). Quatre paysages à l'eau-forte, premières épreuves.

33. **Allemand** (H.). Trois paysages, épreuves de 1er état.

34. **Allemand** (H.). Deux paysages, 1er état, tiré sur chine volant.

35. **Allemand** (H.).Paysage *ex-dono* signé à M. Glairon-Mandet. L'orage. La mare bordée d'arbres. 3 pièces.

36. **Allemand** (H.). Mare de Baulieu près Crémieu, 1er état, envoi d'auteur, signé à son cher ami Duclaux. La Vallée. La mare à Crémieu. 3 pièces.

37. **Allemand** (H.). Le cavalier, 1er état, pl. détruite. La danse sous les arbres, 1er état. Le mur de pierre. 3 pièces.

38. **Allemand** (H.). Iseron, Francheville. La chapelle à Saint-Quantin, 3 eaux-fortes tirées sur chine, épreuves de 1er état.

39. **Allemand** (H.). La danse sous les arbres, 1er état, épreuve sur chine volant. La grande porte (L. 10). La chapelle (L. 21). 3 pièces.

40. **Allemand** (H.). Le batelier, épreuve sur chine (L. 11). Le petit hangar (L. 15). La femme et l'enfant au bord de l'eau (L. 16), 3 pièces.

41. **Allemand** (H.). Le paysage aux quatre arbres, tirée sur chine (L. 22). Les grandes fabriques, épreuve avant le ciel (L. 23), 2 pièces, très belle épreuve.

ŒUVRES DE DE BOISSIEU

En épreuves d'état

42. **De Boissieu.** L'arc de triomphe, suite de 6 paysages, 2e état (sur 4). Rap. 7.

43. **De Boissieu.** Vue de Saint-Romain, 2e état (sur 5). Rap. 28.

44. **De Boissieu.** Entrée de la forêt de Fontainebleau. 3e état (sur 4). Rap. 30.

45. **De Boissieu.** Vue de Champ-Verd, 2e état (sur 5), tiré sur pap. de soie. Rap. 31.

46. **De Boissieu.** Vue du château de Madrid, 2e état (sur 5), tirée sur pap. de soie. Rap. 35.

47. **De Boissieu.** Vieillard au front chauve. Ancienne épreuve. Rap. 44. La servante, seuls états, anciennes épreuves. Rap. 42. 2 pièces.

48. **De Boissieu,** Feuille d'étude, 2e état, (sur 3). Rap. 48.

49. **De Boissieu.** Feuille de 13 études, 3e état. Rap. 49.

50. **De Boissieu.** Les petits tonneliers, 2e état (sur 7). Rap. 52.

51. **De Boissieu.** Les petits tonneliers, 5e état (sur 7). Rap. 52.

52. **De Boissieu**. Le Moulin d'Italie, 3e état (sur 7) Rap. 54.

53. **De Boissieu**. Petit bosquet avec chasseur, 1er état (sur 4). Rap. 55.

54. **De Boissieu.** Le champ de blé, d'après Reusdaël, 3e état (sur 4). Rap. 59.

55. **De Boissieu.** Entrée de forêt avec masure à gauche 2e état (sur 4). Rap. 61.

56. **DeBoissieu.** Le Pont de Lucano, 8e état. Rap. 62.

57. **De Boissieu.** Le pont de Lucano, 8e état. Rap. 62, sans marge.

58. **De Boissieu.** Les grands charlatans, 2e état (sur 7). Rap. 63.

59. **De Boissieu.** La fête du village, 3e état (sur 4). Rap. 68.

60. **De Boissieu.** Vue du temple du Soleil, de l'Arc de Titus et fragment du palais des empereurs, 3e état, pap. de Chine. Rap. 69.

61. **De Boissieu.** Vue d'Aquapendente, 2e état (sur 7). Rap. 70.

62. **De Boissieu.** Vue de l'Aquapendente, 3e état (sur 7), Rap. 70.

63. **De Boissieu.** Vue d'Aquapendente, épreuve sur chine volant. Rap. 70, 7e état.

64. **De Boissieu.** Les petites laveuses, 1er état (sur 4). Rap. 71.

65. **De Boissieu.** Le petit pont à 3 piles, 2e état. Rap. 72

66. **De Boissieu.** Le moulin sur la rivière, 3e état. Rap. 75.

67. **De Boissieu.** Vue de Saint-Andéol, 4e état. Rap. 76.

68. **De Boissieu.** Vue du tombeau de Cécilia Métella, 4e état. Rap. 78.

69. **De Boissieu.** Intérieur de ferme, 2e état (sur 4). Rap. 79.

70. **De Boissieu.** Le grand maître d'école, 3e état (sur 4). Rap. 80.

71. **De Boissieu.** Le joueur de hautbois, 4e état (sur 7). Rap. 82.

72. **De Boissieu.** Le joueur de hautbois, 5e état (sur 7). Rap. 82.

73. **De Boissieu.** Rupture des digues de Hollande, 2e état (sur 4). Rap. 83.

74. **De Boissieu.** Le moulin à eau, seul état. Rap. 84. 2 épreuves. Sera divisé.

75. **De Boissieu.** Les grandes vaches, 3e état (sur 4). Rap. 88.

76. **De Boissieu.** Vue de l'Arbresle, 2e état (sur 4). Rap. 89.

77. **De Boissieu.** Le petit hermitage, 2e état (sur 5). Rap. 90.

78. **De Boissieu.** Le petit hermitage, 5e état, première épreuve de la planche terminée. Rap. 90.

79. **De Boissieu.** Passage du Garigliano, 2e état (sur 5). Rap. 91.

80. **De Boissieu.** Passage du Garigliano, 4e état (sur 5). Rap. 91.

81. **De Boissieu.** Feuille d'études de 7 têtes, 2e état (sur 3), première épreuve de la planche terminée. Rap. 94.

82. **De Boissieu**. Feuille d'études de 8 têtes, 4e état, première épreuve de la planche terminée. Rap. 96.

83. **De Boissieu**. Le Repos des faucheurs, 2e état (sur 4) sur pap. de soie. Rap. 99.

84. **De Boissieu**. Le Repos des faucheurs, 3e état (sur 4). Rap. 99.

85. **De Boissieu**. Vue champêtre à Ambronay, 3e état (sur 4). Rap. 100.

86. **De Boissieu**. Passage d'une rivière, 1er état (sur 5). Rap. 101.

87. **De Boissieu**. Passage d'une rivière, 2e état (sur 5). Rap. 101.

88. **De Boissieu**. Les Pères du désert, 3e état (sur 6). Rap. 103.

89. **De Boissieu**. Saint Jérôme, 2e état (sur 6). Rap. 104.

90. **De Boissieu**. L'Anesse avec son ânon, 1797, 1er état (sur 3). Rap. 105.

91. **De Boissieu**. L'Anesse et l'Anon, épreuve ancienne sur chine volant, 3e état. Rap. 105, première épreuve de la planche terminée.

92. **De Boissieu**. La Tour de Métellus, 2e état (sur 5), épreuve tirée sur pap. de soie. Rap. 106.

93. **De Boissieu**. La Tour de Metellus, 4e état (sur 5). Rap. 106.

94. **De Boissieu**. La grande forêt, 3e état (sur 5). Très belle épreuve à toutes marges. Rap. 107.

95. **De Boissieu**. La grande forêt, 3e état (sur 5). Rap. 107.

96. **De Boissieu.** Le grand pont de pierre, 2e état (sur 5). Rap. 108.

97. **De Boissieu.** Vue prise à Saint-Fortunat, 4e état (sur 5). Rap. 110.

98. **De Boissieu.** Vieille chapelle de Châtillon-d'Azergue, 3e état. Première épreuve de la planche terminée. Rap. 111.

99. **De Boissieu.** Homme à cheval passant un gué, 2e état (sur 4). Rap. 112.

100. **De Boissieu.** Vue du château de Sainte-Colombe, en Dauphiné, 3e état, sur pap. de Chine volant, première épreuve de la planche terminée. Rap. 113.

101. **De Boissieu.** La soirée villageoise, 2e état (sur 3), épreuves sur pap. de soie. Rap. 114.

102. **De Boissieu.** L'ancienne Porte de Vaise, 3e état, première épreuve de la planche terminée. Rap. 115.

103. **De Boissieu.** Passage d'un gué, 2e état. Rap. 116.

104. **De Boissieu.** La Cabane couverte en chaume, 2e état (sur 3), épreuve sur papier de soie. Rap. 120.

105. **De Boissieu.** La Cabane couverte en chaume, 3e état. Rap. 120, première épreuve de la planche terminée.

106. **De Boissieu.** La leçon de botanique, 2e état (sur 4), épreuve sur pap. de soie. Rap. 124.

107. **De Boissieu.** La leçon de botanique, 3e état (sur 4). Rap. 124.

108. **De Boissieu.** Paysage, d'après Poussin, 3e état, sur pap. de Chine collé, première épreuve de la planche terminée. Rap. 125.

109. **De Boissieu.** Paysage avec troupeau, d'après Claude Lorrain. 2e état (sur 3). Rap. 126.

110. **De Boissieu.** Paysage avec troupeau, d'après Cl. Lorrain, 3e état, première épreuve de la planche terminée. Rap. 126.

111. **De Boissieu.** Entrée de Lentilly, 2e état, première épreuve de la planche terminée. Rap. 127.

112. **De Boissieu.** Le petit Oratoire, seul état première épreuve Rap. 128,.

113. **De Boissieu.** Grand paysage avec chasseur, d'après Winantz, 3e état (sur 4). Rap. 133.

114. **De Boissieu.** Vue de l'ancienne douane, à Rome, 4e état. Rap. 135.

115. **De Boissieu.** Pavillon des Carmes-Déchaussés, 5e état. Rap. 136.

116. **De Boissieu.** Le Maréchal-ferrant, 4e état. Rap. 137.

117. **De Boissieu.** Vue de l'Ile-Barbe, 5e état. Rap. 138.

118. **Duclaux.** Les vaches. Les moutons. Epreuves de 1er état.

119. **Duclaux.** Le Bac à traille, épreuve d'essai sur chine volant, les bords de la planche ne sont pas nettoyés.

120. **Duclaux.** Le Bac à traille, eau-forte, rehaussée au crayon blanc par l'artiste qui en a fait un dessin.

121. **Duclaux.** Le Garon et les aqueducs de Baunant. Eau-forte rehaussée de crayon blanc par l'artiste qui en a fait un dessin.

122. **Grobon.** La forêt de Rochecardon, rare épreuve de premier état, avant la lettre et à toutes marges.

123. **Grobon.** La forêt de Rochecardon, superbe épreuve avant que la planche ait été réduite dans le haut, tirée sur chine volant.

124. **Grobon.** Vue de l'Eglise de S.-Rambert à une lieue de Lyon, superbe épreuve à toutes marges.

125. **Grobon.** Le pigeonnier, très belle épreuve du 1er état.

126. **Guy** (Louis). Le taureau tacheté, 1er état. Les vaches couchées, 1er état et 3 petites pièces, ensemble 5 eaux-fortes.

ESTAMPES ANCIENNES

---

127. **Audran** (J.). Les batailles d'Alexandre, d'après Le Brun. 6 pièces anciennes et belles épreuves, p. m.

128. **Augustin Venitien.** Venus et l'Amour, superbe épreuve datée de 1516.

129. **Borgiannus** (Horatius). Saint Christophe portant l'enfant Jésus. Eau-forte, très belle épreuve.

130. **Cranach** (Lucas). La prédication de Jésus, gravure sur bois datée de 1516 avec le monogramme du maître, ancienne et belle épreuve.

131. **Durer** (Albert). Adam et Eve. Copie d'un maître anonyme.

132. **Durer** (Albert). La vierge couronnée par deux anges datée de 1518, magnifique épreuve ancienne d'une superbe conservation.

133. **Durer** (Albert). Hérodiade recevant la tête de St Jean Baptiste, gravure sur bois de 1510, superbe épreuve.

134. **Durer** (Albert). Le Rhinocéros, pièce gravée sur bois et datée de 1515, premier état avec le texte en 7 lignes très rare.

135. **Ecole Allemande** xv siècle. Le Seigneur et la Dame, pièce anonyme.

136. **Œneas Vico**. Portrait de Pierre de Médicis, eau-forte italienne, datée 1586, dans un magnifique entourage.

137. **Frendenberg**. Le Négociant ambulant, épreuve d'eau-forte, pièce rare.

138. **Goltzins**. Le Christ devant Pilate, très belle épreuve.

139. **Hopfer** (Daniel). Le fils qui est sage est la joie du père, le fils qui est insensé est la tristesse de la mère, superbe épreuve.

140. **Jordaëns**. Jupiter nourri par la chèvre Amalthée. Eau-forte du maître, épreuve du 1er état avant l'adresse de Blootling.

141. **Le Maître au Dé**. Daphné embrassant le fleuve Pennée, avec l'adresse de Thomassin.

142. **Marc Antoine**. Le triomphe de Galathée. Copie d'un maître anonyme, très belle épreuve.

143. **Marc Antoine**. La grande bacchanale, légèrement coupée du côté droit de l'estampe, copie d'Œneas Vico.

144. **Ostade** (Van). Le Paysan sonnant du cor. Très belle épreuve, p. m.

145. **Ostade** (Van). La Chanteuse, très belle épreuve, p. m. (B. 30).

146. **Potter** (Paul). Le troupeau traversant le ruisseau, daté de 1643.

147. **Rembrandt**. Le peseur d'or, gravé par W. Baillie *Vatelet*, pièce à la manière noire, 2 pièces.

148. **Rembrandt.** Portrait de Silvain, belle épreuve, premier état, Ch. Bl. 186.

149. **Rembrandt**. Portrait de Abrabam Frans, Ch. Bl. 176.

150. **Rembrandt.** Les Musiciens ambulants, épreuve avant divers travaux à la pointe sèche, sur la poitrine du petit enfant tenu par la femme. Ch. Bl. 90. Vendu même état, vente Guichardot, 115 fr.

151. **Rembrandt.** Pierre et Jean à la porte du temple, 1er état rare, sur Japon, provient de la vente H. Allemand.

152. **Rembrandt.** Joseph et la femme de Putiphar, très belle épreuve, Ch. Bl. 11.

153. **Rembrandt**. La négresse couchée, très belle épreuve, Ch. Bl. 169.

154. **Rembrandt.** La femme nue, les pieds dans l'eau. Superbe épreuve avec toutes ses barbes, rare. Ch. Bl. 164.

155. **Rembrandt**. La Jeunesse surprise par la Mort, pièce gravée par le maître d'une pointe très faible à la pointe sèche. Rare. Ch. Bl., 109.

156. **Denon**, d'après Rembrandt. La mort de la Vierge, très belle épreuve, sans marge.

157. **Raphaël Morghen**. Les trois âges, d'après le baron Gérard.

158. **Robetta**. L'adoration de l'enfant Jésus, superbe épreuve.

159. **Van Dyck**. Jésus Maria eau-forte, p. m., avant la marque du graveur et le nom de l'éditeur.

160. **Wischer** (Corneille). Le chat, pièce très rare.

161. **Wischer** (Jean). La danse dans la grange, d'après Berghem, très belle pièce.

162. **Wischer** (Nicolas). Le barbier rasant un mouton, pièce allégorique et à costumes (1645).

PORTRAITS ET ESTAMPES DIVERSES

163. **Audran**, d'après Poussin. L'enlèvement des Sabines, p. m.

164. **Denon**. Son portrait gravé à l'eau-forte par lui-même.

165. **XVIIIe siècle**.The Joyous moment, The slow reflection. Deux gravures au burin.

166. **Drevet** (Pierre). Portrait du prince de Condé. Belle épreuve, sans marges.

167. **Drevet** (Pierre). Portrait de Samuel Bernard, conseiller dÉ'tat, d'après H. Rigaud, très belle épreuve à toutes marges.

168. **Edelink**. Portrait de François de Médicis, grand-duc de Toscane d'après Rubens. Van Dyck, son portrait, frontispice de l'iconographie, 2 pièces.

169. **Huet** (J.-B.). L'Amant pressant, gravé en couleur par Legrand, moderne.

170. **Janinet** d'après Ostade. La baraque rustique, gravée en couleur.

171. **Jean de Julienne**. Son portrait gravé par Balachou, en 1752, d'après De Troye le père.

172. **Largillière** (Nicolas de). Son portrait d'après lui-même, gravé par Chereau.

173. **Marc-Antoine**. Œneas Vico, Ludovicus Palme, etc., quatre pièces mythologiques.

174. **De Marcenay**. Portrait de Rembrandt, premier état.

175. **Martin** (Miss), d'après Collay. L'Amour et l'Amitié, en coul. g. m.

176. **Sornique** d'après Boulogne. Actéon métamorphosé en cerf, g. m.

177. **Suyderhoëf** d'après Titien. Portrait de Charles-Quint dans un magnifique entourage.

178. **Ostade** (Adrien Van). Le rémouleur. Le cabaret. Deux petites têtes, ensemble 4 pièces.

179. **Potter** (Paul). Le vacher, épreuve tirée sur chine moderne.

180. **Van Dyck**. Portrait d'Erasme, eau-forte du Maître.

Lyon. — Impr. P. Mougin-Rusand, rue Stella, 3.

www.ingramcontent.com/pod-product-compliance
Ingram Content Group UK Ltd.
Pitfield, Milton Keynes, MK11 3LW, UK
UKHW020235180726
13838UKWH00005B/2399